Informationen, die Gold wert sind.

Kapitel 1   Gerechtigkeit

Was ist Gerechtigkeit?

Eine Bank, deren Namen ich nicht nennen will, hat mich vor zwei Jahren dermaßen schikaniert, dass es für mich sogar soweit ging, dass ich mich persönlich angetastet fühlte. Wie heißt es gleich im Grundgesetz? – Der Mensch ist unantastbar. Eine Bankangestellte, der Bank, bei der ich zu der Zeit Kunde war, kam mir dermaßen mit ihrer Unfreundlichkeit entgegen, dass ich mich beim Chef beschweren musste. Die Bankmitarbeiterin, die die Geschichte verursacht hatte, leitete mich aber nur zum Abteilungsleiter der Bank weiter. Jede Bank hat Vorstände, die bei größeren Banken, ja nicht in der Filiale vor Ort sein können. Diese Vorstände sind in der Hauptstelle der Bank beschäftigt. Dass aber, und ich meine gerade diesen Abteilungsleiter, der Boss der großen Filiale sein soll, und in der Bank, bei der ich Kunde war, das Sagen hatte, bezweifle ich. Über der Servicetheke steht immer noch ein Revisor oder ein Angestellter der Kreditabteilung.

Ich musste mich also mit meiner Angelegenheit an den Chef der Servicetheke wenden.

Das ganze begann mit der Bankangestellten, die mich fragte, ob ich Klorollen will, als ich sie freundlich darum bat mir Rollen zu geben. In einer Bank versteht sich, dass mit Rollen Münzrollen gemeint sind. Diese schizophrene Bankmitarbeiterin hat aber mit Absicht oder aus Mangel an Kompetenz etwas anderes verstanden. Bei dem letzten Bankbesuch landete ich leider auch bei dieser unfreundlichen Bankangestellten. Sie ließ mich am Schalter zehn Minuten warten, so als wäre ich überhaupt nicht am Bankschalter. Gegrüßt hat mich die Bankangestellte der Bank, bei der ich fünf Jahre Kunde war, nicht. Ähnlich war der Besuch meinerseits auch dieses Mal. Die Angestellte der Bank ließ mich ewig warten, obwohl außer mir sonst niemand am Schalter stand. Sie verachtete mich regelrecht. Ich unterbrach sie dann mit ihrer Versunkenheit und sagte etwas lauter zu ihr: Ich möchte mich jetzt beim Chef beschweren. Als dann der Abteilungsleiter, den sie mir rief, aus seinem Besprechungszimmer kam, bat mich der Abteilungsleiter in sein Büro. Dort beschwerte ich mich dann bei ihm über die Unfreundlichkeit der Bankmitarbeiterin und über die heutige Beleidigung. Der Abteilungsleiter der Schalterangestellten sagte zu mir dann, dass es nicht okay sei, wenn eine Bankangestellte nach Klorollen fragt, wenn man deutlich in einer Bank sagt, das man Rollen haben möchte. Der Abteilungsleiter der großen Stadtfiliale gab dann meinen Auftrag für mein Konto am PC ein. Eine Entschuldigung der Bankangestellten gab es nicht. Ich verließ die Bank und ich kam mir zu Hause vor, als wäre ich in einer Bank in Kalkutta gewesen, da mir die Bank zusätzlich im Gespräch noch beibringen wollte, dass sie mein Konto auch kündigen könne. Beim hohen Gericht in Memmingen leitete ich folgerichtig ein Beschwerdeverfahren ein. Der Grund hierfür war die Beleidung durch eine Bankmitarbeiterin an mir, dem Bankkunden. Die Polizei in Memmingen nahm am selben Tag noch die Anzeige auf. Einige Tage später erhielt ich vom Memminger Amtsgericht dann einen Beschluss, der beinhaltete: Es handelt sich um keine Beleidigung und das Beschwerdeverfahren wird durch die Staatsanwaltschaft bzw. den zuständigen Richter zurückgewiesen. So ging das Theater in der großen

Bankzweigstelle in der Stadt Memmingen dann weiter. Ich besaß zu der Zeit nicht so viel Geld, meine Eltern unterstützten mich nicht. Mit einer hohen Miete einer schandhaften, schlechten Stadtwohnung kam mein Konto am Monatsende gelegentlich über das Limit, das 3.000 Euro betrug. Sonst hatte ich keine Schulden. Mit einem Grund, der für mich bagatellmäßig war, wurde dann zum Beileidungsverfahren, das durch das Amtsgericht Memmingen abgelehnt wurde, dazu mein Konto durch die große, und damit eigentlich vorbildhafte Bankfiliale gekündigt. Was dann folgte kann man sich vorstellen. Zunächst denkt man sich, man bekommt wo anders kein Konto mehr. Mit Schulden in Höhe von 3.000 Euro, muss einen auch keine andere Bank als Bankkunde nehmen. Im Folgenden war ich der Glückliche. Eine ebenfalls große, deutsche Bankfiliale nahm mich mit einem Limit von 2.200 Euro auf. Ich arbeitete mich zum Zeitpunkt des Konoeinzugs auf das neue Limit herunter und die Bank, bei der ich auch heute noch Kunde bin, ist sehr zufrieden mit mir. Die Vorgänger-Bank hat nicht nur einen Kunden verloren, sie hat auch bewiesen, dass mich eine gleichgroße Konkurrenzbank ohne weiteres

aufnimmt und sie damit dasteht, wie ein Analphabet, der
mit seinen Kunden nicht umgehen kann.

Gerecht wäre es gewesen, wenn die Bankangestellte
durch das Memminger Gericht bestraft geworden wäre.
Ich hätte eine positive Nachricht vom Gericht erhalten
müssen. Eine Kontokündigung hätte ich nicht bekommen
dürfen, man hätte mit mir reden können. Wenn schon
eine Kündigung eines Kontos durchgeführt wird, dann ja
durch den Bankkunden, da er durch die Bank gekränkt
wurde. Hier verstehen wir weder Gericht noch Bank.
Sauber geführte Banken muss es in Deutschland
unbedingt geben. Gesetze müssen gnadenlos greifen,
sonst sind wir in Kalkutta und es geht immer ungerecht
weiter.

Wo <u>sind</u> die Gerichte?

Kapitel 2   Unverantwortliches Schnellfahren

Ich befinde mich in Memmingen vor einer Kneipe. Ein Raser fährt um die Ecke mit quietschenden Reifen und erfasst vor der Bar fast einen Kneipengast, der gerade über die Straße geht. Mit 80 km/h statt 50 km/h fährt der Schnellfahrer die Straße entlang und aus der Stadt hinaus. Das Kennzeichen habe ich natürlich abgelesen, trotz der schnellen Geschwindigkeit. Am nächsten Tag teilte ich telefonisch der Polizei das Kennzeichen mit, und dass der Raser um Haaresbreite einen Fussgänger erfasst hatte. Die Polizei Memmingen meldete sich dann drei Wochen nicht bei mir. Dann bekam ich einen Anruf von der Polizei. Sie wollte wissen, ob ich mir mit dem Kennzeichen sicher war. Ich sagte der Polizei, dass ich gleich im Lokal das Kennzeichen auf einen Notizblock notiert habe. Mir wurde von der Polizei später dann nicht mitgeteilt, was mit dem Schnellfahrer unternommen wurde. Für mich war das schließlich versuchter Mord an einem Fussgänger durch Rasen. Wenn ich heute eine Anzeige bei der Polizei aufgebe, z. B. wegen Nichtzahlens einer Taxifahrt, wird mir nach ein paar Wochen mitgeteilt, wie sich die Polizei den Zechpreller vorgenommen hat, also welche Strafe der Betrüger bekommen hat. In diesem Fall aber, erhielt ich keine weitere Mitteilung und ich glaube, die Unternehmungen durch die Polizei wurden nur „locker" gehalten.

Wo <u>sind</u> die Gerichte?

Das gleiche passierte mir selbst, als ich meinen gewohnten Weg von einer Kneipe nach Hause lief. Ich wurde zwar nicht fast überfahren, aber ich fühlte mich durch einen Autofahrer sehr belästigt. Ein Fahrer mit aufgemotztem, sehr teurem Kraftfahrzeug gab im Verkehrsberuhigen Bereich Vollgas. Er beschleunigte auf 60 km/h obwohl nur 10 km/h zugelassen sind. Zudem wurde ich in meiner Ruhe gestört. Das Kfz war dermaßen laut, gleich neben mir, dass ich erschrocken war und Angst bekam, er befand sich ja zur Zeit der Beschleunigung hinter mir. Auch dieses zeigte ich bei der Polizei an. Ein Kennzeichen hatte ich wieder abgelesen. Die Polizei teilte mir am Telefon mit, dass der Raser verwarnt wurde. Das war alles? Der Raser wurde verwarnt? Eine solche Belästigung muss ebenfalls mit

einer Strafe belegt werden. So bekam ich auch hier keine
weitere Information von Polizei oder Staatsanwaltschaft.

Wo <u>sind</u> die Gerichte?

Kapitel 3   Bundeskanzleramt

An das Bundeskanzleramt, Berlin

Sehr geehrte Damen und Herren,

ich wurde vom Polizeiwesen getäuscht.

Wie Sie aus beigefügten Unterlagen ersehen können,
erhielt ich am 21.04.17 einen Bussgeldbescheid über
128,50 Euro. Am 29.06.2017 erhielt ich eine
Kostenberechnung zusätzlich über 18,50 Euro. Vom

Amtsgericht Memmingen erhielt ich am 12.06.17 ein Bussgeldverfahren gegen mich, Nr. …

Tathergang:

Herr …, der Mieter über mir und seine Ehefrau läuteten mit der Polizei, Polizist …, und einer Polizistin an meiner Wohnungstür.

Herr … (Mieter über mir) sagte vor der Polizei zu mir: Jetzt tun Sie nicht so, wir haben Ihnen einen Brief eingeschmissen.

Meine Musik, die ich laut Polizei und des undurchsichtigen Mieters über mir, der Mieter hat noch nie ein Wort mit mir gesprochen, zu laut gehabt hätte, die Musik war nicht einmal durch die Tür im Treppenhaus zu hören, störte die Mieter, über mir wohnend, und den Polizeibeamten und die Polizeibeamtin. Man würde die Musik von unten durch die Decke zu den Mietern über mir hören, obwohl die Musik auf Zimmerlautstärke von mir eingestellt war. Zusätzlich sagte Herr …, der Mieter über mir, vor der Polizei, dass ich den ganzen Tag schon poltern würde. Ich habe meine Wohnung sauber gemacht.

Der Polizeibeamte sagte, ohne MICH über den Tathergang zu befragen, zu mir: Sie bekommen eine Anzeige, aggressiv. Seine Unfreundlichkeit war nicht zu überbieten. Die beiden Polizisten wollten, dass ich noch irgendwas zum Tathergang sagte. Ich sagte: Gut, ich mache gar keine Musik. Die Polizisten gingen nach Hause. Dann schloss ich die Wohnungstür.

Gibt es einen Gerichtsrevisor für dieses Debakel?

Des übrigen möchte ich wissen, wer da über mir wohnt.

Freundliche Grüße

Bernd Schubert

Bundeskanzleramt:

Sehr geehrter Herr Schubert,

Ihr jünstes Schreiben vom 10. Juli 2017 hat das Bundeskanzleramt erreicht. Sicherlich war Ihnen – wie auch schon beim zurückliegenden Schriftverkehr – die Aufgabenstellung des Bundeskanzleramtes und der Bundeskanzlerin nicht hinreichend gegenwärtig.

Die Bundeskanzlerin bestimmt die Richtlinien der Politik (Artikel 65 Grundgesetz), das Bundeskanzleramt überstütz sie hierbei.

Ihre persönlichen Lebens- und Rechtsangelegenheiten, wie Sie sie etwa in Ihrem aktuellen Brief schildern, sind nicht Gegenstand einer Bewertung oder eines Eingriffs durch die Bundeskanzlerin oder durch die Bundesregierung.

Die Bundeskanzlerin führt auch keine Rechts- und Lebensberatung durch, sie klärt auch nicht, wer über Ihnen wohnt.

Ich darf Sie daher bitten, um Ihnen und dem Bundeskanzleramt künftig unnötigen Korrespondenzaufwand zu ersparen, sich nur mit solchen Angelegenheiten an das Haus zu wenden, die in erkennbarem Zusammenhang mit der Aufgabe und der Arbeit der Bundeskanzlerin stehen.

Mit freundlichen Grüßen

Bundeskanzleramt

Ich werde nachweislich betrogen und finde keine Hilfe bei Polizei, Staatsanwaltschaft oder Gesetzen. Wenn ich mich ans Bundeskanzleramt wende, werde ich zurückgewiesen, obwohl ganz klar ersichtlich ist, dass <u>mir</u> ein Schaden zugefügt wurde. Das Kanzleramt bekennt sich nicht dazu, eine Hilfe zu geben. Ein Brief wird mit der Begründung „Nicht zutreffend für das Bundeskanzleramt" böse beantwortet.

Wo <u>sind</u> die Gerichte?

Kapitel 4   Mafiamethoden

Mein Brief an Frau Dr. Angela Merkel wegen gerechter Auftragsverteilung bei den Taxiunternehmen und Mietwagenunternehmen in Memmingen wurde mit einem Tipp abgetan. Der Tipp war, dass ich eine Hotline für Beratungsförderung anrufen könnte.

Damals, also im Jahr 2007, stand bei mir alles auf dem Spiel. Ich war mit einer netten jungen Dame zusammen. Mein gesamtes Eigenkapitel setzte ich zu der Zeit ins Taxi-/Mietwagenunternehmen ein. Durch die Ungerechtigkeit in der Auftragsverteilung, oder nennen wir es gleich „Mafiamethoden" auf der Gegenseite musste ich mein Unternehmen aufgeben. Aus dem Unternehmen heraus ging ich dann ohne Freundin und ohne jegliche eingesetzte Mittel. Eigentlich hätte ich heute eine Familie, ich war zu jener Zeit verlobt, und ausreichend Kapital. Ich befinde mich nun seit Jahren am Existenzminimum. Eine glückliche Ehefrau und junge Schuberts gibt es nicht.

Wo <u>sind</u> die Gerichte?

Kapitel 5   Betreuungsverfahren gegen einen Einser-
              Schüler und Klassensprecher, später
              Ausbildung zum Bankkaufmann und
              Industriekaufmann, zusätzlich Taxi-
              /Mietwagenunternehmer und Buch-Autor

Bernd Schubert   Memmingen, 21.03.18

Gerberplatz 5

87700 Memmingen

Landgericht Memmingen

z. Hd. Herrn Präsident Ermer

Hallhof 1 + 4

87700 Memmingen

Schadensersatz, Bernd Schubert, geb. 16.04.1977

Sehr geehrter Herr Dr. Thomas Ermer,

ich möchte Ihnen heute meine beiden Fälle schriftlich aufzeigen, wofür ich mit eindeutigen Begründungen Schadensersatz fordere.

Ein Fall war im Jahre 2008 in Memmingen. Ein weiterer Fall war im Jahre 2012 in Günzburg.

Ihren Vor-vor-gänger, sehr geehrter Herr Dr. Ermer, und zwar Herrn Prof. Dr. Thiere kenne ich duch ein kurzes persönliches Gespräch mit ihm im Landgericht Memmingen.

Zu meiner Person, ich bin gelernter Bankkaufmann, 40 Jahre alt, zur Zeit bin ich in der Rente, aufgrund der Betreuung, die ich gehabt habe. Da ich ja gelernter Bankkaufmann bin, konnte ich ja theretisch sozial gar nicht so weit absinken, dass ich eine Betreuung gebraucht hätte. Dazu kamen dann zwei Krankenhausaufenthalte mit dem vollen Programm.

Nun möchte ich im Folgendem mit der Schadensersatzforderung beginnen:

An dem Tag, an dem ich mit zwei Polizisten in Zivilkleidung ins Krankenhaus Günzburg musste, war ich beim Prof. Dr. Thiere und bei meinem früheren Psychiater Dr. Ott. Der Prof. Thiere fragte mich zwar, in Berlin warens ja auch schon, dies hatte ich ihm zuvor geschrieben, er sagte aber so gut wie nichts zu der Betreuung. Ich sagte ihm, ich brauche keine Betreuung. Der Prof. war <u>für</u> das Urteil eines seiner untergeordneten Richter, da er nichts weiteres unternahm.

Man hätte im Krankenhaus Grünzburg und im Krankenhaus Memmingen mit mir reden müssen, aber das tat niemand. Günzburg: Wir warten jetzt mal ab, was mit der Sache rauskommt, hieß es im Krankenhaus, wofür Sie beschuldigt wurden. Im Laufe des Krankenhausaufenthalts kam bei der Sache, womit ich beschuldigt worden bin, nichts heraus, aber ich saß die vollen 1 ½ Monate, die vom Richter zuvor bestimmt waren, ab. Ein Jahr später sprach mein Vater mit dem Polizeichef, da er ihn persönlich kannte, über die Beschuldigungen, die von der Polizeiniederlassung des Polizeichefs kamen. Der Polizeichef sagte meinem Vater, das war dein Sohn gar nicht. Eine weitere Begründung für den Krankenhausaufenthalt war die kalte Witterung draußen. Das kann man ja jedem Straßenpenner unterstellen, der im Winter draußen eine Flasche Wein trinkt.

Ich war gelernter Bankkaufmann und somit war die Betreuung und der Krankenhausaufenthalt fehl am Platz. Statt in der Stadt die richtigen Leute anzupacken, in Memmingen gibt es genug davon, wurde ich grenzenlos von Entscheidern im Gericht und von Arzt bzw. Ärztin betrogen.

Auch gibt es die Option Schadensersatz, sollte ein Urteil nicht stimmen. Die Folgen eines Urteils will schließlich ein Unschuldiger nicht haben und die darf ein

Unschuldiger auch nicht haben. Der Prof. und Chef des Landgerichts wies mich aber zurück, als ich ihn mündlich und schriftlich darauf ansprach.

Auch beim 2. Krankhausaufenthalt in Memmingen im Jahr 2008 gab es keine Begründung oder nur falsche Begründungen. Wenn es einem psychisch nicht ganz so gut geht, redet man mit ihm oder man macht ihm Vorschläge, was er in seiner Freizeit so tun könnte. Wenn derjenige dies aber nicht will, lässt man ihn in Ruhe. Da steckt man einen doch nicht gleich ins Krankenhaus. Ich habe nicht einmal jemanden beleidigt.

Wenn ich wenigstens eine Grippe gehabt hätte, aber da war ja nichts.
Die Anschuldigungen waren falsch, das stellte sich ja heraus. Folglich bin ich Schadensersatz-berechtigt.

Richterliche und polizeiliche Anschuldigung	Wahrheit
Fürs Krankenhaus Günzburg, 2012: Selbstgefährdung wegen der kalten Witterung draußen	Ich machte auch spät noch Spazieränge um mich fit zu halten
Ich hätte auf der Straße ein junges Mädchen mit den Händen hochgehoben	Polizeichef Moser Illertissen, sagte meinem Vater in einem persönlichen Gespräch: Das war dein Sohn gar nicht.
Fürs Klinikum Memmingen, 2008 Anschuldigungen im Gutachten von Frau Dr. Küthmann zusammengefasst: psychisch nicht fit	Ich war pychisch gut. Auch hatte ich nicht einmal eine Grippe. Ich hatte nicht einmal jemanden beileidigt, sodass etwas vorgelegen hätte.
Gutachten, Frau Dr. Küthmann: Die finanziellen Verhältnisse wären schlecht	Ich hatte Hartz4 schon bewilligt bekommen und ich bemühte mich nachweislich um eine günstige Wohnung. (Dies wurde sogar von meinem Rechtsanwalt, Herrn Vad Memmingen, schriftlich an das Gericht weitergegeben)
Gutachten, Frau Dr. Küthmann: Die Nachfrage bei der Polizei Memmingen hätte ergeben: Bernd Schubert hat eine Anzeige bei der Polizei gemacht, weil er dachte, es sei jemand ohne sein Wissen in seiner Wohnung gewesen.	Ich habe mich getäuscht. Man wird doch nicht gleich ins Krankenhaus eingewiesen, weil man einmal in seinem Leben eine überflüssige Anzeige bei der Polizei macht. Warum hat man stattdessen nicht vernünftig mit mir geredet?
Mein späterer Widerspruch beim Landgericht Memmingen wurde zurückgewiesen, da ich damals, als ich noch Selbstständig war, unserer Bundeskanzlerin, Frau Dr. Angela Merkel einen Brief geschrieben habe.	Mein Brief an unsere Bundeskanzlerin Frau Dr. Merkel war so gut geschrieben, dass ich sogar eine Antwort bekommen habe. Die Antwort war freundlich und es wurde eine Hilfe gegeben.

Schadensersatz für:

- Die Erteilung des falschen Urteils
- Den unberechtigten Krankenhausaufenthalt

in Memmingen, 2008

Schadensersatzhöhe: 30.000,00 Euro

in Günzburg, 2012

Schadensersatzhöhe: 30.000,00 Euro

Zusammen: <u>60.000,00 Euro</u>

Mein Leben ist auch heute noch nachhaltig schlechter
durch diese falschen Anschuldigungen der Ärzte bzw.
der Richter und ich fühle mich persönlich nach wie vor
sehr gekränkt durch den nicht angebrachten Umgang mit
mir.

Ich habe auch in meinem Umfeld noch nie von jemandem gehört, dass man soetwas mit einem gemacht hat.

Mit freundlichen Grüßen

Bernd Schubert

Ich habe das Schreiben nie an den Präsidenten des Landgerichts versendet, auch wenn ich eindeutig einen Schadensersatz hätte bekommen müssen.

Kapitel 6   Bundesrepublik Deutschland –
                Kindergarten

<u>Mein</u> Leben ist den Bach hinunter, dass kann man ja
nicht bestreiten, ich kann mich nur noch mit meinen
beiden Bücher retten, die ich geschrieben habe. Ich habe
die Chance, Millionär zu werden oder einfach nur weiter
einer der sich am Existenzminimum befindet, zu sein. Es
ist spannend und man hat etwas, auf das man sich freuen
kann. Das gibt einem wenigstens was. Aber wenn sich
unsere Bürger der Bundesrepublik die Gesetze
anschauen, dann muss man doch sagen: Alles ist viel zu
kompliziert und zu wenige haben einen Vorteil.

Wieso bestraft das Gesetz bzw. bestrafen die Richter
<u>mich</u> so hart und diejenigen, die etwas verbrochen haben
gar nicht?

Und was Ärzte allgemein angeht, nicht dass ich etwas
gegen Ärzte hätte, aber diese müssen eben auch schauen,
dass sie ihr Geld verdienen. Gesetze werden von

Politikern gemacht. Betrachtet man die Sache einmal politisch und nimmt Ärzte und Richter zusammen, so ist das doch sehr kindergartenmäßig.

Ich wurde schlecht dargestellt. Vor dem Landgericht wurden Dinge so hingestellt, dass sie für das Gericht passen. Zum Oberlandesgericht bin ich leider nicht mehr gekommen, da mir das Geld für jegliche Instanzen und Prozesskosten fehlte. Mit einem einzigen Rechtsanwalt aus einer Universitätsstadt konnte ich ein wenig entgegenkämpfen, nur einen Zuschuss für einen Rechtsanwalt oder einen Gerichtskostenzuschuss erhält man in so einem Fall nicht, man wird auf jeden Fall nicht darüber unterrichtet. Wie schon erwähnt, das Dagegenhalten in der heutigen Zeit nach Vorgaben hier und da und mit einem Schema, das die Richter sowie auch die Rechtsanwälte einhalten müssen ist für den Beschwerdeführenden zu kompliziert.

Rechtsanwalt Höhn, Memmingen

Schreiben vom 11.12.2016

Sehr geehrter Herr Höhn,

ich weiss nicht, in wie weit Sie mein Buch gelesen
haben. Geld habe ich nicht so viel, als dass es für eine
Anklage ausreicht, für Leute wie mich gibt es aber einen
Gerichtskostenzuschuss. Ich habe leider nur 500,00 €
Guthaben, aber mir bleiben jeden Monat 800,00 € zum
Leben.

Zur Zwangskrankenhauseinweisung nach Günzburg im
Jahr 2012:

Meine Eltern haben mich an diesem Tag provuziert und
dann haben sie mich einweisen lassen. (Telefonat mit der
Polizei Illertissen, Herr Moser, Polizeichef)

Meine Eltern sind für meine ganze Laufbahn
verantwortlich. Mein komplettes Scheitern, das zur 7-

jährigen Betreuung geführt hat, ist auf meine Eltern zurückzuführen.

Ein ordentliches Essen hätte gereicht und falsch war eine Medikation in DER Form.

Auch der Krankenhausaufenthalt, direkt nach meiner Schliessung meines Fahrservice Schubert, Taxi-/Mietwagenunternehmen, im Jahr 2008, wurde durch meine Eltern verantwortet. (siehe Buch: „Die Betreuung eines Bankaufmanns")

Mein Vater hat mir während meiner Unternehmertätigkeit immer wieder reingepfuscht. Zum Schluss meinte er, ich solle nicht aufhören, er hätte mir Aufträge. Das war eine Lüge. Von den Schulden, die von meiner Niederlage durch den Fahrservice kamen, habe ich mich erst 2011 wieder erholt.
Fahrservice Schubert: Von Januar 2006 – Dezember 2007

Aus diesen nun genannten Gründen verklage ich meine
Eltern auf Schadensersatz. Bei dieser
Schadensersatzklage sind Sie mir bitte behilflich.

Meine Telefonnummer lautet: ....

Sie können mich anrufen. Wenn Sie möchten, melde ich
mich im laufe der kommenden Woche.

Mit freundlichen Grüßen

Bernd Schubert

Anlage
Kopie Kreditvertrag und Grundschuld über 50.000,- €

Den Kreditvertrag habe ich auf dem Arbeitstisch meines
Vater gesehen, dann habe ich ihn kopiert.

Eigentlich gehören meine Eltern betreut, sehen Sie sich
die beigefügte Kopie des Kredits für den Laden für meine
Schwester, die auf Ibiza lebt, an. 50.000,00 €

Grundschuld aufs Haus für einen Laden, der gar nicht läuft. Der Freund muss zusätzlich arbeiten. Die Schwester muss das Auto verkaufen. Im Winter lassen sich meine Schwester und ihr Freund von den Eltern durchfüttern.

Präsident d. Landgerichts, Prof. Dr. Thiere, Memmingen
Schreiben vom 25.01.2011

Ihre Dienstaufsichtsbeschwerde vom 6. Januar 2011 gegen Richter am Amtsgericht Memmingen Stangler

Sehr geehrter Herr Schubert,

Sie haben sich mit Schreiben vom 06.01.2011 an den Direktor des Amtsgerichts Memmingen gewandt. Sie rügen darin unter anderem das dienstliche Verhalten des in Ihrem Betreuungsverfahren tätigen Richters am Amtsgericht Stangler und erheben Diensaufsichts-beschwerde.

Die Aufsicht über die Richterinnen und Richter des Amtsgerichts Memmingen - soweit eine solche überhaupt besteht - obliegt nicht dem Direktor des Amtsgerichts Memmingen, sondern dem Präsidenten des Landgerichts Memmingen.

In der Sache selbst muss ich Ihnen mitteilen, dass ich nicht befugt bin, in eine dienstaufsichtliche Prüfung einzutreten. Mit Ihrer Beschwerde beanstanden Sie zunächst die Errichtung und Aufrechterhaltung der Betreuung. Die Entscheidung hierüber gehört zum Kernbereich der Tätigkeit einer Richterin bzw. eines Richters. In diesem Kernbereich sind Richter unabhängig und nur dem Gesetz, damit aber gerade keiner Dienstaufsicht unterworfen (Artikel 97 Absatz 1 unseres Grundgesetzes). Von Verfassungs wegen ist es mir deshalb verwehrt, die Entscheidungen des Richters am Amtsgericht Stangler in Ihrem Betreuungsverfahren zu überprüfen. Die Kontrolle richterlicher Entscheidungen erfolgt demnach nicht durch den Präsidenten des Landgerichts, sondern durch die übergeordneten Gerichte im Rechtsmittelverfahren. Soweit Sie die Entscheidungen

des Richters am Amtsgericht Stangler beanstanden,
müssen Sie die entsprechenden Rechtsmittel einlegen,
wie Sie es in der Vergangenheit bereits getan haben.
Gleiches gilt für die von Ihnen begehrte Aufhebung der
Betreuung. Auch diese müssen Sie im hierfür
vorgesehenen gerichtlichen Verfahren betreiben. Ich darf
Ihnen raten, dies mit Ihrem Anwalt und Ihrem Betreuer
zu besprechen.

In Ihrem Schreiben wenden Sie sich weiter gegen die
Ergebnisse der psychiatrischen Begutachtungen. Insoweit
besteht für mich als Präsident des Landgerichts von
vornherein keine Möglichkeit, Ihnen weiterzuhelfen.
Gleiches gilt für die von Ihnen beanspruchten
Schadensersatzzahlungen. Zur Geltendmachung
behaupteter Schadensersatzansprüche steht Ihnen wie
jedem Rechtssuchenden der Zivilrechtsweg offen. Dies
sollten Sie gegebenenfalls mit Ihrem Anwalt besprechen.

Mit freundlichen Grüßen
Der Präsident des Landgerichts

Vorsitzende Richterin am Oberlandesgericht Budesheim,
München

Sehr geehrter Herr Schubert

wie telefonisch besprochen, erhalten Sie Ihre Unterlagen
zurück.

Die Vorsitzende Richterin
am Oberlandesgericht

Das übergeordnete Gericht gab keine Hilfe.

Rechtsanwalt Hain, Ulm

Schreiben vom 03.05.2011

Betreuungssache Bernd Schubert

Sehr geehrter Betreuer,

hiermit zeige ich an, dass ich nunmehr Herrn Bernd Schubert anwaltlich vertrete - Vollmacht anbei.

Mein Mandant legt mir die "Erklärung" vom 29.03.2011 vor. Aufgrund Ihrer Angaben über den Zweck und Hintergrund der Erklärung wurde mein Mandant getäuscht, da Sie ihm einen anderen Sachverhalt geschildert haben.

Namens und in Vollmacht meines Mandanten wird hiermit diese Erklärung vom 29.03.2011 unter sämtlichen rechtlichen Gesichtspunkten - insbesondere wegen arglistiger Täuschung - angefochten.

Mit freundlichen Grüßen

Rechtsanwalt

Kapitel 7   Die Wahrheit in der Bundesrepublik und

mein Ziel als Schriftsteller

Was nützen wissenschaftliche Überlegungen, wenn man
nicht das Einfache hinkriegt, wie mehr Kinder in
Deutschland, wirklich Gerechtigkeit in Deutschland,
Kleinbetriebe müssen auch etwas verdienen können,
Gründlichkeit in den Gerichten und zufriedene
Bürgerinnen und Bürger durch Schaffung von mehr
Parkanlagen und ausgiebigen Freizeitmöglichkeiten.

Gewinne müssen nach oben getrieben werden. Die
Standortfaktoren eines deutschen Betriebes müssen
passen. Stetige Kontrollen müssen in Betrieben

stattfinden, in allen Bereichen. Kontrollen sind sinnvoll, was Zukunftsaussichten, Marktsituation von Produkten und Betrieb, Lieferanten, Kunden, EDV, Entwicklungsabteilung usw. betrifft.

Wenn man nun die vorigen Kapitel betrachtet, fragt man sich, was am unangenehmsten ist. Der Staat, der einen vollkommen links liegen läßt?

Ein Nachbar, der einen lieber tot sehen möchte?

Ein Betreuungsverfahren, das einem jegliche Entscheidungsfähigkeit nimmt?

Obwohl man Bankkaufmann ist, wird man als Kunde bei einer anderen Bank, also bei der man das Beschäftigungsverhältnis <u>nicht</u> hat, wegen Kleinigkeiten herausgeworfen?

Ein Kumpel, den man von einer Kneipe her kennt, wird
vor den eigenen Augen vom einem Raser fast
überfahren?

Natürlich ist es am schlimmsten, wenn man nicht mehr
am Leben ist, also ist die Sache mit dem Nachbarn am
damatischsten und steht an erster Stelle.

Das zweite „schwerwiegende" Problem ist, wenn man
kein Geld mehr hat, Arbeit auch nicht, dann verläßt einen
die Freundin. Ist man Selbstständiger gewesen und man
hat die eisige Kälte des Staates spüren müssen, was
fehlende Steuererleicherungen und jegliche fehlenden
Unterstützungen betrifft, ist der eigene Stamm (so sagt
man bei den Indianern) ausgerottet oder das Gründen
eines „Stamms" kann nicht mehr erfolgen.

Man wird als Erwachsener in einer öffentlichen
Einrichtung, das auch ein staatlich gefördertes Institut ist,
in einer Bank als Kunde in seiner Ehre verletzt, obwohl
nichts vorlag, kommt gleich nach dem eisigen Staat, dem

„gefährliche Menschen" gleichgültig sind. Dies ist das dritte Problem, das angesprochen werden muss.

An vierter Stelle nenne ich die wahre Geschichte, die ich erlebt habe, und bei der ein Kumpel von mir fast von einem Schnellfahrer überfahren wird. Von einem Raser mit 80 km/h fahrend, da wäre der Kneipenbesucher, der nur die Straße überqueren wollte noch auf der Straße gestorben.

Ein Betreuungsverfahren, mit dem einem eine falsche Hilfe von Staatsmitarbeitern zugesagt wird, bekanntlich sind ja Betreuer, Richter sowie Ärzte, die ein Gutachten schreiben, aus staatlichem Interesse angestellt, ist um sonst. Darum wird eine Betreuung hier als fünfter Punkt angeführt. Ich vergleiche ein Betreuungsverfahren mit einem Gefängnis, da einem so gut wie jedes natürliche Verhalten genommen wird, nur ist die Angelegenheit anders gewichtet.

Ich persönlich würde es für den Staat peinlich finden, wenn sich solche Vorfälle ereignen. Seinen es Politiker, Verfassungsrichter und sämtliche vom Staat Angestellte mit einfacheren Tätigkeiten, diese Leute müssen ein Gewissen haben.

Auch finde ich es nicht gut, dass im TV Schwachsinns-Sendungen, wie „Die Auswanderer aus Deutschland" gezeigt werden, statt dass Deutschland die eingen Leute aufbaut und Deutschland lebenswert macht.

Dass so gut wie nie etwas in der BRD stattgefunden hat, wie Kampagnen für Erleichterungen sämtlicher Firmenangestellten und ständige Besprechungen in Betrieben mit allen Angestellten, in denen es um Wohlbefinden und das Lösen von Streitigkeiten geht, ist nicht zu glauben. Ich kann es an mir selbst feststellen, ehrlich gemeinte Erleichterungen für Angestellte gibt es eigentlich nicht.

Einer muss sagen, so und so wird's gemacht, aber keiner hat in Deutschland den Mumm dazu. Wer wird Angela Merkel ablösen, wer wird das übernehmen? Man kann es auf jeden Fall besser machen als sie. Vielleicht gibt es

bald einen Wechsel.

Herstellung und Verlag:
BoD – Books on Demand, Norderstedt
ISBN: 978-3-7528-2475-9